LOIN DU PRINTEMPS

Samir Tighzert

Loin du printemps

Poèmes et proses

Edition : Books on Demand
Gmbh, 12/14 rond-point des Champs Elysées
75008 Paris, France

ISBN : 978-2-8106-0359-6
© 2009 Samir Tighzert éd. BOD
Dépôt légal octobre 2009

La déchirure

Tout est fini…même les regards évasifs
Ne se voient plus dans aucun délai ni adresse
Eloignement altérant déni décisif
Le néant, vague et immense, à mes yeux se dresse

Seul — la solitude est parfois le creux des vies —
Menant l'espoir sur les traces d'un souvenir
Alourdi de vifs souhaits et folies d'envie
J'entrevois les lueurs de la joie à venir

Une rare beauté qui déserte les rêves
Et laisse le fil des aventures aux légendes
Par mes vers, je la poursuis encore et sans trêve

Moi, l'affaibli d'attente, faut-t-il que je scande :
Jusqu'à la fin de mes jours, fin de ma prière
La retrouver c'est ma victoire toute entière

Éloignement

La menthe
surgie de ma nuit
me raconte le temps
cédé aux cris du soleil

l'indifférence
de vivre flambant
alors que le ciel vibre
de sa creuse plainte

L'éclair balayant ma vue
ne peut poser ses rayons
sur ma cible
floue au corps évanescent

Refoulé dans le noir exil
je cherche encore le ravin
la pâquerette
et le moineau d'antan

la menthe
dans sa verdure se pâme
renvoie son effluve-amour
et se tait une lyre

Exil

Déracinement
Dérision d'un cœur
qui traque son soleil

Seul
aux abois
dans la tragédie du temps

Déroute
en terre inconnue
où le chant ne fleurit pas

Derrière ce mur d'ébène
une nuit se creuse
lançant au jour
    sa dernière plainte

Le germe de la folie

Germe une folie dans ma vieille âme
Moi, l'admirateur peu malin
Je plains mon cœur qui plaide et pâme
Blessé du beau, maigre et chagrin !

A toute femme du monde une mèche
Qui pourrait me foudroyer l'œil
O drôles de souffles qui m'allèchent
Qui me réjouissent et qui m'endeuillent,

Est-ce là une faveur des vers
Que de brandir ce qui m'est cher
Puis l'arracher à mon bleu ciel ?

Je ne suis qu'un éternel vœu
Dressé aux lèvres, sur les cheveux…
Mais fait que de larmes et de fiel

Béjaïa, le 06/11/1999

A celle que j'attends…

Je t'entrevois d'ici rayonnante, soumise à ma rêverie. Qui es-tu au juste? Je ne le sais pas trop. Tu es la femme que je façonne au gré de mon poème. Peut-être es-tu mon rêve lui-même. Mais loin de me figurer ta chevelure lisse comme fibres de maïs, tes cils chuchotant la pudeur ou tes lèvres affichant la fidélité ; je sonde l'étendue du bonheur où tu pourrais me loger si vraiment tu existais quelque part. Je n'ai pas la moindre idée de ton profil, mais j'ai la conviction que tu es la créature destinée à faire éclater ma verve…l'être fait pour mettre fin à ma soif de voir. Quiconque animé par le sentiment que tu me procures, dira : *voici la femme de ma vie !* Moi je dis : *voici ma raison d'être!* J'attends de toi mon repos, car depuis mon enfance j'ai mendié partout l'amour, je l'ai demandé aux mines changeantes des fillettes quand j'étais enfant et des jeunes filles plus tard. Pas cet amour-là que mes camarades conquièrent facilement (comme moi d'ailleurs), le manient à leur guise, puis en fabriquent des aventures passagères ; l'amour que je cherche est celui qui ne se lit que dans un silence féminin. Oui, quand une femme se tait j'ai l'impression qu'elle me conte ce que Schéhérazade aurait omis de plus fantastique, de plus inouï dans les contes des *Mille et Une Nuit*. Elle fait chanter cette drôle de flûte qui me hante, attise le feu de félicité aux tréfonds de mon âme. Le silence mêlé de tendresse est l'aboutissement de ma légende suscitée. La tendresse, la vraie, celle qui est créée par l'amour et pour l'amour, qui ne se rappelle pas un passé. Je te veux cette femme-là qui m'offre savamment son sourire et m'enveloppe de la quiétude la plus absolue. Avec toi je fermerai la porte sinistre de mon chagrin d'antan ; et comme dans un printemps factice, sans début et sans fin, nous étalerons nos tourments, mes caprices d'hier, tes soucis de tous les jours. Puis nous plierons le tout comme un livre déjà lu. Car l'ère de la lumière commencera pour nous…

Mais comment te nommes-tu d'abord ? Tout prénom respire l'innocence, je le sais. Il est imposé au nouveau-né presque en même temps que son sort. A lui est due la face humaine que chacun de nous possède. Mais moi j'y mets tout le mystère de notre union. Ton prénom me livre ce qui est latent de tes traits, tes propos et tes sentiments même. Peut-être ai-je tort de vouloir résumer l'infini dans un seul mot. Seulement, il est des déroutes où le poète doit se fixer un point, là où tout commence et tout finit. Un prénom à toi qui me plaise, c'est la joie perpétuelle qui veille sur moi. Cela me donne l'envie et le pouvoir d'admirer d'autres splendeurs sonores. En m'accrochant à deux ou trois syllabes, je parcours l'indicible ciel de la satisfaction.

Je n'attends pas de toi la beauté qui attirerait le diable ni la laideur qui ferait fuir l'ange. Je te veux seulement d'un charme qui me fasse oublier tous mes souvenirs. Un visage sans fenêtre ouverte sur la rancune, toujours prêt à porter la tristesse de celui qui fait de lui son idole. Je rêve d'une figure sereine à laquelle toute la belle nature se confie. Fais qu'en te voyant je ne dois pas me rappeler d'avoir vu une fois la femme. Je la verrai pour la première fois de ma vie, toute différente de celle qui aime et déteste, qui sourit et pleure, qui se réjouit et s'indigne, enfin pas la femelle du genre humain, la terrestre. Je verrai celle que ma rêverie appelle à chaque instant croyant qu'elle existe vraiment.

Mademoiselle, en ce moment tu es peut-être en train d'effectuer quelque tâche domestique. Tu ne penses à personne. Tu es loin de te figurer qu'un inconnu fasse de toi son souci, alors que moi j'écris et j'évite d'aborder mon thème, crainte de ne pas satisfaire un de tes charmes. Car si je ne te connais pas, je connais la lumière. Sinon aurais-je accepté mes ténèbres d'aujourd'hui ? Je vis comme un arbre qui souffre volontiers son hiver, persuadé que tant que la terre tourne, nul ne pourra annuler le printemps. Je laisse mes jours dire leurs sottises, je traverse mes années comme un voyageur en quête de l'autre moitié de son âme. Il m'arrive de me permettre quelques escales : je m'arrête alors pour contempler une fille étrange, répondre à un regard désespéré ou bien m'excuser devant l'offre d'un cœur passionné…mais ma petite expédition continue. Mon chemin est trop escarpé ; et une chose m'ennuie, c'est que je ne peux pas prévoir mon point d'arrivée. Je ne le saurai qu'au moment où j'apercevrai de loin une fille qui, sans être prévenue de ma visite, aura l'air de m'attendre. Nos yeux ne se reconnaîtront pas, mais ils improviseront un langage qui nous unira à jamais.

« …et dire que tu m'as fait attendre tout ce temps, mon cher ! »

« …et moi battre toutes ces lieues, ma chère… »

Pour venir à toi, il m'a fallu rompre d'énormes barricades. J'ai couru au hasard dans des forêts de tristesse. Je me suis déguisé en pierre à l'approche des fausses colombes. Il n'est pas étonnant que la fatigue ne m'ait pas gagné durant tout mon trajet, car à chaque pas que je faisais, je changeais mon sang en espoir et ma prunelle en foi ; et, chemin faisant, la nature me confiait des lettres à te faire parvenir. Enfin, te voilà. Tu existes donc sur cette Terre qui nous fait tant de mal. Tu es là, lumière faite de chair et d'os. Tu ne tarderas pas à m'accueillir de ta compassion délicieuse. Fais donc éclater cette boule de joie que j'ai tant couvée. Vois comme mes rêves se sont arrêtés, comme mon espoir s'est refermé de lui-même ne trouvant plus rien à attendre. Maintenant je peux me reposer. J'atteins la réalité enivrante. Je touche à mon étoile altière sans avoir recours à m'endormir pour la chercher dans le petit monde de mes songes.

Tizi-Ouzou, mai 2006

Ma détresse

Je comprends l'air qui se lasse
de ma détresse
Moi-même
perdu dans mon énième rêve
je renonce à l'escalade
fébrile d'amour chasseuse de jours
La pierre que mon cœur imite
brûle de monotonie Affreux réveil
Le silence que baigne ma lumière
suintante
du silex amené à vivre
s'enfonçant conscient dans les tréfonds
du revers
Je comprends cette onde
quand elle me dépasse
car ma langue est sur le point de sombrer
tous les poèmes se fondent à mon toucher
Toutes les amours…
Oh ! le vain infini !
Moi qui retrace ma vie renie mon ombre
fatigué comme dans un cauchemar

16

que la nuit abreuve
noirci comme une mûre
au foyer épineux qui râle
c'est mon tour
de raviver ma fleur
C'est mon tour aujourd'hui
d'éteindre ma lampe fille de ténèbres
O ma liberté
réduite à humer des trêves séculaires
Le fracas de ma ville me tue
Et résonne en moi
le silence des chaînes…

Toi

Le village qui m'accueille
me renvoie à tes pas
Toi qui assortis mes regards naissants habites
le silence de la rue
le tout de ma peine
Quand j'explore ma passion farouche
à fragments de larmes givrées
quand tu t'envoles
leste de mon idée
c'est mon poème qui se refait
La nature chantant
à travers ton visage
ma déraison instantanée
des notes égarées de la symphonie savante
de l'Idéal.
Toi, l'incertaine
même dans ton allure
tu me combles de rimes haletantes
me laissant cerner mon futur
de ce présent modeste.

L'oiseau piégé

Oiseau aptère
Pauvre créature
Privé de l'air
T'aime la nature

Oiseau qui frôle
Ces hautes nues
Oiseau qui vole
Pris par la glu

Ta vie si morne
Couve la tristesse
D'un deuil sans bornes
Qui la caresse

Ta vie est aigre
De tes désirs
Ton corps est maigre
Sans ses plaisirs

Dépourvu d'ailes
Repu de rêves
Tu songes au ciel
Au temps des sèves

Joie du printemps
Verdure des plaines
Fruits et chants
T'inspirent une haine

Nature, ta mère
T'as fait son chantre
Hommes, ces pervers
Te veulent dans l'antre

Le nuage

Un nuage
entraîne mon temps
dans d'autres abîmes
  que l'amour

Comme le vent
je me vois filer
et telle une cité nocturne
  je m'éteins

S'affaiblit
mon souffle de prière
les rêves en transe
  le chant
parsemé en travers
  d'une mémoire

Là se fanent les chimères des siècles
s'éternise l'art volé au silence
et passent aveuglément
les années

Figées pourtant
dans les rapines du ciel

Solitude

Que tu me pèses ô solitude
Surtout quand l'amour te chevauche
Personne à voir ; la vie est rude
De ma droite comme de ma gauche

Où est ce qui me réconforte ?
Le visage à l'éclair si vague
L'allure à la musique forte
La chevelure aux douces vagues ?

Resté-je éternellement seul
Entre les mille feux qui me veulent
Et l'horizon de la douceur ?

Sans elle tout redevient vide
Sans éclat, morne et insipide
Mon ciel se couvre de noirceur

Errance

Voyageur
tu poursuis ta sage errance
du creux du désert
au comble des batailles
du rêve fusillé
à toutes les démences
Drôle de voyageur sans depart
sans chagrin à la main
ni l'élégie d'une brève saison
hormis tes yeux
qui réclament une légende
alors que le jour
aborde la dernière flamme

Et tes lèvres l'éternel habit
chantent la même ritournelle
née d'un bonheur annulé
Ta vie enfante les noces blêmes
du néant

A toi de renaître sans souvenir
Désormais aucune étoile n'y croit
Drôle de voyageur
qui ne quittes pas ta place
qui traverses le remord
et bois la lumière

Ta danse dans une autre langue
faible comme un faux présage
ne sied plus à ce ciel
couvert de sourdes promesses

Etre meurtri

Quel vide, et quelle horreur !

Quand le brin de lune attendu te fait prolonger la nuit. Quand les rêves chantés se morfondent de ne plus être interceptés. La vie ne devient alors que quelques épisodes de faux espoir ; qu'es-tu alors, être meurtri, accablé de vifs tourments ?

Tu n'es rien.

Sinon ce palmier qui imite vainement ses aïeuls, et qui est condamné à vivre tout seul dans le désert éternel.

Tu n'es rien.

Sinon ce ciel qui ne voit traîner à travers lui-même que des nuages et des éclairs, alors qu'il veille sur le bien-être des rayons solaires.

Tu n'es rien,

ô être jauni, si tu n'es la raison de toutes les grimaces allongées, de tous les souffles émincés et les poèmes souffrants.

Ou peut-être recèles-tu dans ton silence l'épanouissement de la belle vision. Après tout, tu es un être. Un être vivant, qui a son âme, et surtout son âge affirmé dans ses souvenirs. J'entends, comme un chant désœuvré, ramper ton souffle. Je reconnais ton existence timide, blafarde et indécise, au milieu des tas de choses qui accueillent à chaque fois l'aurore. Mais je continue à ne voir en toi qu'un être sans effet ni écho, un grand rien, un simple regret.

J'ignore déjà mon thème de départ. Perdu dans ta vague histoire, je crains de m'égarer encore davantage si j'essaie de pénétrer ton tourbillon de rêves. Pourtant un tourbillon calme et timide. Seulement, il avance, car sa matrice est entièrement virtuelle. Il faut alors reculer. Tiens ! Il me semble que tu existes. Tu es là, dans ce calme méchant qui garde ta chanson d'avenir…

Toi, le brumeux à jamais,

le chercheur d'étincelles enfouies dans quelque joie inconnue. Le légendaire qui n'a point de teinte aventurière. Voilà que tu meurs tout doucement, mais ainsi tu vis encore mieux. Remettre en cause les pleurs dilués, n'est-ce pas ta vérité ? Consommé dans la peur, tu veux bannir toutes les vaines cibles. Quoique tu ne sois rien, tu es bien la plénitude des choses.

Espoir

Espoir
naissant de mes peurs ondulées
qui s'oublie dans mon printemps
          déjà embaumé
Espoir….
régénérateur
          prieur des cimetières-amours
laisse-nous y demeurer
fais-toi retentir sur les notes
          de ce beau mai
               qui s'éveille
Espoir
autre bout de la vie
seule chanson de l'âme
          prends assez de nos poèmes
          prends assez de nos soupirs
          prends assez de nos attentes
et reviens nous retrouver
          prosternés au soleil
     Espoir…

j'ignore ton visage
mais je languis dans les parfums
     que tue émets
je m'abandonne à la promesse
     de tes lettres anonymes
et je crois aux cœurs sanglants
     à leur prière,
quand ils tombent dans l'oubli

Loin du printemps

Le renouveau avance
et mes yeux se débattent encore
dans des illusions
de cendre

Un oiseau passe
solitaire
je l'entends crier ma fête
interrompue Tout vif
je n'aurai pas part aux aurores
dont flambera le ciel
ni au chant
de quelque rose égarée

Oubliez-moi
quand les romances s'élèveront
de vos mains
Pardonnez-moi
s'il pleuvait amour
Je suis cette buée
qui définit le silence

Comme toutes les choses lasses
je frémis dans les bras du crépuscule
Je n'ai plus de lumière
plus de senteur
plus un rêve
pour accueillir votre printemps
Pourtant
je connais cette vie qui s'éveille
Mon passé mes enfantillages
traînent en travers
Quelques uns de mes poèmes
ont l'essence de son âpreté

Indéfinissable peur
Inconsolable chant
Je me baigne de souvenirs
réscapés de mes nuits

Des tréfonds de l'âme
ô lustre saison
un cri
une vieille note
remontent comme une flamme

J'aime le ciel gris
je ne suis pas gris, non
mais j'ai le cœur qui bat
sous la tempête
la pitié qui déserte mon feu

Affreux, affreux
est ce songe qui me reprend
malgré moi

Si mon souffle naît de la brise
j'étoufferai la magie
la boussole du mal
Je me démènerai
quitterai mon exil
l'automne
l'éternel séjour où la paix de l'œil
où l'amour s'oublie

Dans mes larmes
dans le sang du *temps perdu*
j'ai trempé mes feuillets
Le soleil qui brilla
un jour à la dérobée
s'est maintenant éteint
drapé de l'aile morne
de l'automne
et…
je me suis éloigné du printemps

Un jour
je m'approcherai peut-être

L'ami-souffrance

Froissé par le temps
mon ami se traîne
à vau-l'eau

Ahuri
sous un ciel de roche
il fleure la berlue

s'adonne à l'air
calfeutré des rêves
et des chaînes

Seul humain
né au crépuscule
vieilli à l'aurore

mon ami sans souffle

crapahute et meurt

dans les vers

Il happe sa tristesse

comme un bon gâteau

telle une vie

Sa main à jamais vide

tendue vers l'enfer

déguisé

il pleure

parfois comme un sage

il se brûle les yeux

Kabylie

Monts d'éclairs de cris et de gloire
mémoire de pierre
que les flots de la Bleue abreuvent
à vos pieds s'étend l'oubli le vent

Monts de sang qui s'agrippent à l'aube
redescend le trophée du jour
sur vos flancs d'or
où le jaune fleurit, où l'aigle s'étire

Monts de mœurs d'airain et de miel
meurent dans vos yeux légendes et feux
En deuil des vôtres
Vous dressez cette cime blanche

Passivité

Oublier ?
C'est encore passif
de ta part
Plie bagages et pars
reprends les marges de la retraite

　　Des images douteuses
　　te poussent à gémir
　　Des yeux noirs
　　barricadent ta route
　　On te persécute
　　dans les nuits profondes
　　sous les toits de silence
　　C'est encore passif de ta part
　　plie bagages et pars

Sans anniversaire
Sans tes souhaits d'hier

renie ta porte
recouvre-la de ta nuit
La vie est autre
que celle de ta naissance
et la crainte devient vraie
Le vide qui s'étend entre tes mains
t'arrache le dernier souffle
d'espoir
tu ne peux pleurer
c'est encore passif de ta part
plie bagages et pars

L'autre indifférence

Faut-il se perdre dans les nuées de promesses
Ou attendre la matinée qui leurre nos yeux ?
Suffit un sourire pour me rendre soucieux
Je vous cède les nuits de charme et les caresses

Menant mon souhait qui détient l'ardeur des jours
Je vogue dans l'aridité de mon regard
Pourvu que j'aperçoive mon bonheur fuyard
Je vous cède les nuits de charme et les amours

Le peintre

Rendez au peintre ses yeux
son âme couve une fresque

Qu'il puisse animer son secret
Car lui seul
comprend l'hymne des couleurs
lui seul
sait comment d'un bout de pinceau
se dompte l'exil
et s'embaume l'horizon

Rendez au peintre ses yeux
qu'il divulgue nos joies dérobées
qu'il effiloche cette nuit tombante
car ses doigts portent la magie du cœur

Triste
il apaise la révolte
de tout un âge
Seul sans ses yeux il suit la renaissance
de chaque fleur brûlée
il frémit à chaque chant pittoresque

que nos instincts refoulent
Rendez au peintre ses yeux

Lettre à mes amis

Mes amis, l'espoir m'ayant fui, je ne suis plus qu'un fantôme. Un fantôme diurne, doué de parole et de douleur. Je sais que vous l'ignorez, mais j'ai maintes fois regardé l'éclat de vos joies naissantes, écouté le chant de vos vies acharnées, humé l'odeur de vos cœurs qui brûlent d'amour. Quant à moi, certes, vous m'écoutez de bonne foi, mais ce que je dis ne peut être qu'un lien préservant ma présence dans cet univers qui me rejette. Ma persistance dans cette atmosphère chargée de rêves est mon défi éphémère, un pari menaçant chaque jour de regagner ma nuit. Avez-vous jamais entendu parler d'un spectre ressentant sa douleur ? Mon mal ne connaît pas de langue. Il me vient dans un élan fiévreux, traversant les milles haies que je dresse à son passage et engloutissant la seule peur qui puisse me servir de relais avec le flux de votre lumière. J'ai horreur de vivre sans reflet. J'essaie d'interrompre ma vie comme un morceau de musique joué par un musicien surpris soudain par l'usure de presque tous les fils de sa guitare ; mais cette vie aspire à pousser autrement. Germer ailleurs dans quelque espoir pourri de lassitude.

Mes amis, comme il est dur de poursuivre à jamais un vœu sans issue ! Parfois je pense au confort d'un voyage interminable sur la plus obscure des mers, à l'enchantement d'une île qui m'accueille comme un objet égaré et sans valeur, à la bienfaisance d'une charge électrique me punissant de mon triste sort. Car je ne suis qu'un fantôme qui occupe indûment vos allées. Fuyez-moi comme l'espoir me fuit ! Sinon vous ferez mieux de me chasser de vos vues, maintenant que la personne que vous auriez chérie en moi s'est transformée en l'être funèbre que je suis. Eteint, et flétri dans l'éternelle attente, je retrouve la réalité de mon être qui n'est autre qu'une erreur existentielle. Comment donc est-il permis de munir une âme erronée, de poésie et de rêves ! N'est-ce pas l'offrir aux enfers, que de montrer une beauté au poète juste avant de lui ôter la vue ?

Combien de fois ai-je essayé de rapporter ma vie à celle d'un quelconque humain digne de s'accrocher à la faveur du temps. Mais ma marche affectée d'une fatigue séculaire me décrète l'impossibilité de toute avance. Je peux m'abattre sous les yeux du ciel et des étoiles. Seulement il faut commencer par me débarrasser d'une sorte d'hymne qui croit au triomphe et qui s'est accolé à moi depuis mon enfance comme une cicatrice ancienne. Une ultime idée illuminera le restant de mes jours : l'amertume. A force de m'habiter, elle s'acquiert des qualités de douceur, une étrange velléité à la charité. En muant tous mes repères intérieurs, elle façonne en moi un cœur de brouillard. Pourtant je ne me suis jamais imaginé en train de me soumettre à l'obligation absolue du silence ; et puis, perdre l'art de regretter sa saison de rires, cela me rend furieux. Plus furieux que de me voir lapidé par des souvenirs incomplets.

Je vous confie donc mes secrets fantomatiques. D'ici je revois le décor de mon passé, non inondé dans la lumière fallacieuse que mon premier pas éveillait, mais sombrant dans un espace de désolation que seuls mes yeux d'aujourd'hui peuvent déchiffrer. J'aurais aimé comme tous les oiseaux jouir de la courte histoire qu'on m'inflige. Hélas ! Je n'ai pu mener que le parcours d'une misérable chauve-souris, naviguant dans les ténèbres, se donnant des coups de tête çà et là. Aujourd'hui, je me porte bien en fantôme. Enfin j'observe la vie des humains sans me tracasser à évaluer ma destinée dans leur sphère. Je laisse mes jours s'écouler comme une chose inévitable. Je ne vous accuserai pas de visiter mon cauchemar. Car votre amitié demeure ; et quoique mon souffle vous dise l'inouï de mon épreuve, la sale aventure, vous continuez à m'apercevoir comme si j'étais encore votre ami. Alors que dans mes profondeurs la nature salue d'autres échelles de ras-le-bol.

Mes amis, peut-être ne suis-je pour vous qu'un simple fou à soigner ou à délaisser. En fait, ma raison aussi se perd dans les péripéties de mon chemin maudit. Déterminé, je m'attache à la confusion dès qu'elle m'offre le plan de mon labyrinthe. Que je sache que ma vie sera consommée comme une bougie à flamme enfouie, qu'aucun printemps ne se fera jamais si je ne plie mes ombres, je n'arrête pas de me débattre dans ma cellule invisible. L'étreinte d'un sanglot a l'effet d'un vrai vin. Et la douleur qui me hante en réclame encore davantage, sans quoi elle ne saurait drainer ses racines. C'est que je suis toujours traité selon mon statut, sauf que le hasard me sacrifie d'une manière qui me déplaît.

Tizi-Ouzou, mai 2005

Vagabondage

Vagabond
dans ma ville effarée
de lumières
je cherche ma terre

Terne est mon œil
qui se perd
dans l'horizon de marbre
étoilé

Ma passion maure

Astre nimbé de mes regards
de la nuit de l'âge
j'entrevois mes rêves qui te saluent
silencieux
j'achève mon culte
O toi
beauté
point de mes départs
ardeur de ma saison
ma poésie mon chant
ma foi
qui déborde sur l'infini d'amour
Serai-je assouvi
quand tu décrètes ma soif
moi qui rampe joyeux
sur les épines de ma passion maure

Tagouba, le 12/11/1999

Le sédentaire

J'habite un taudis
Menu d'un grabat
Une mauvaise vie
Sans goût ni climat

Entouré d'angoisses
De nuits qui m'alarment
Avenir sans face
Et passé sans charme

Devenu sédentaire
Sans aucune légende
La vie qui éclaire
Elle me réprimande

Je suis misérable
N'ayez pas de doute
La misère m'accable
Et ma vie s'égoutte

Beauté

Lourde beauté !

Tu es ce fardeau auquel succombe mon cœur. Cette joie que rêvent mes yeux…pourtant tu es encore toute jeune, tu es l'incarnation même des gémissements à naître, l'horizon de quelque prosternation sentimentale.

Tu sais emplir le creux de cette contrée, et même chanter quand toutes les musiques se taisent. Tu saurais tout faire, si je ne pouvais plus aimer. Car je suis là à t'attendre comme une face de planète guette le matin.

Toi, la vraie beauté. Ou bien es-tu la lumière alors que les vœux me transforment en nuit profonde et mon poème devient interminable ?

Tu continues à grandir sous le toit de mes soupirs. Le stylo qui délaisse mes mots, reconnaît ton nom dès le premier de mes vers. Toi, la lourde beauté qu'on ne pourra jamais supporter.

Désert

Le désert
dans cette contrée
happe les hommes et les fleurs

Et seul
le peuple geint
à l'attente du miracle

Pourquoi ce sable
tue-t-il nos souffles
froisse-t-il la face du nourrisson ?

Un malheureux

Seul dans le monde grouillant des gens sans malheur
Il se faufile comme une ombre peureuse et laide
Le cœur plein de regrets, de soif et de douleur
Il succombe à chaque pas et personne ne l'aide !

La fête septembrale

A tous les enfants du monde.

Les voilà en ville comme dans les campagnes
Deux à deux, filles et garçons s'accompagnent

Regarde toutes les couleurs éblouissantes
De ces petites personnes contentes

Vois ces groupes qui montent et qui dévalent
Sur leurs yeux se lit la joie automnale

Les vacances sont parties en colère
Mais pourquoi rebuter l'année scolaire ?

Quelle fête agréable et sans pareille !
Pour ce jour on n'a pas dormi la veille

Amis et maîtres vont nous accueillir
Arborant de loin leur très beau sourire

Nous les rejoindrons là tous les matins
De bon cœur, satisfaits et sans chagrin

Que ferais-je dans la vie sans études ?
J'apprends pour joindre le nord et le sud

Assidu à mes cours et sans absence
Moi, enfant du grand siècle de la science

Ton regard et moi

Un regard de toi
et je lance mon cœur
dans l'arène de l'amour
je ne savais point
combien de temps prendrait ma bataille
ni à quel battement de cœur
je perdrais mon âme
seulement
j'ai apprêté des poèmes pour tes yeux
et confié mon affaire aux génies du songe

Un regard de toi
et ce fut ma première extase
au monde des fleurs
la chemin fut long
je ne voyais
que le premier horizon
et ne sentais que le musc
et le basilic

Au départ
Ce n'était qu'un seul regard
échappé
à la geôle de tes cils
m'échappèrent alors les adorations
Et tâtant mon cœur
je me trouvai sans passé
pas un rayon lumineux
à m'éclairer
hormis tes yeux

Tu ne t'es servie que d'un seul regard
pour asseoir la magie
dans ma rêverie
Et commence l'embarras
la douleur m'arrête
alors que j'atteins ma perte
J'avais peur d'une larme
que ton ciel ne ferait pas tomber
sur mes joues
et m'étonnais
de voir frémir tes cils
sans que je m'ébranle

Vers l'abîme

Dans ces lieux de ruine et d'extinction, il marche comme vers un abîme qu'il ne peut atteindre. Le souvenir se meurt derrière lui et la vie n'a plus aucun sens. Seul, il se demande s'il lui reste encore un lien avec ce monde cruel. Où sont passés ses rêves, ses romances qu'il chantait jadis avec ses amis croyant encore à un âge sans fin, où l'amour coulerait sans cesse et le sourire ne quitterait jamais ses lèvres ?

Mais maintenant il ne voit rien de tel. Les amis sont disparus, comme kidnappés par une nuit très obscure. Il traîne seul son amertume, erre et tourne en rond, pareil au condamné à mort qui attend l'heure décisive. Il n'ose pas regarder au loin, car rien ne lui appartient désormais ; les jours sont aux autres, l'air est aux autres ; la terre, tout ce qui l'entoure le tue d'une étrangeté affreuse.

Se surprenant à chaque instant dans l'endroit où il est né, maintenant plié sous le ravage, s'évaporant de mal et fleurant la combustion mêlée aux odeurs méphitiques de désintégration, il ne croit plus avoir la force d'implorer le cœur humain. Ses lèvres se crispent et ses yeux s'embuent de larmes cuisantes, refusant de voir et abdiquant l'espérance jusqu'au moment où ils se fermeraient pour de bon.

Rafales, ombres de fantômes, vagissements lointains ;
toute une scène d'épouvante l'encercle de plus près et le
pousse à s'anéantir. Les mots n'ont plus leur rôle dans sa tête,
ils se sont fondus, transformés en notes navrées et
déchirantes. Où va-t-il dans ce temps de brouillard avec ses
pas de blessé dévoyé ? Vers l'abîme, toujours. Rude, rude est
l'existence qui l'accule au mur du mal, lui réclamant le dernier
souffle à rendre.

Cœur cristallisé

Hier soir j'ai aperçu dans le rêve
Une fille sur un cœur cristallisé
Elle n'a plus rien de tout ce qu'avait Eve
Hormis les débris d'un honneur brisé
Elle qui attend que son soleil se lève
De ses sentiments matérialisés
Sa voix angélique chante la trêve
Mais sa main tient une lame aiguisée
Elle se prend pour la princesse de Clèves
Oubliant sa confession de rusée
Quand son triste sort lui déclare : « grève »
Jamais elle ne paraît tétanisée
Je dois te le dire avant que j'achève
Tu es cette fille ainsi déguisée
Amie, si la vie n'était pas si brève
Tu aimerais ce que tu méprisais
Amie, hélas ! mais la vie est trop brève
Ton cœur est snob, le mien en est lésé

Fillette

Le rêve long d'un ambitieux poète
Tu le résumes, ô charmante fillette

Je vois en toi la beauté fine et pure
Toute ornée d'innocence, et sans rature

Tu ne dis rien, mais tes cils nous chuchotent
Combien de vers doux, et combien de notes !

J'abdique aux splendeurs du monde erroné
A tes traits je me suis abandonné

On n'a pas le droit de t'aimer en fleur
 Mais de te combler de belles douceurs

Mains de novembre

Ouvre ses bras
novembre qui recèle le songe
dans les recoins du silence
transis en douce

À se morfondre dans sa fuite
cernée de gris
roussie la terre
égrène les rimes du premier soir

Au loin la toile
accouche de la rivière glauque
de son jour couleur de patience
ouverte en verve

Table

Imprimé par : Books on Demand
GmbH, Norderstedt, Allemagne

Contact auteur : *samir_t7@yahoo.fr*